Umbral de Oriente: Tankas y Haikus

Sergio Inestrosa

Almava Editores
a l m a v a · n e t

Sergio Inestrosa

UMBRAL DE ORIENTE

Tankas y Haikus

— —

Poesía Hispanoamericana Contemporánea

Almava Editores

almava·net

Poesía Hispanoamericana Contemporánea

México . Argentina . España
. Estados Unidos de América . Canadá

Almava Editores
a l m a v a ● n e t

E d i t o r e s @ a l m a v a . n e t
I n f o @ a l m a v a . n e t

"Arruinarse por la poesía es un honor".
El retrato de Dorian Gray
Cap IV
Oscar Wilde

La tinta corre
entre tanka y haikú...
Sergio Inestrosa.
Roja tinta es la sangre
en venas del poeta.

Ramón Meléndez Quinteros

A Tere como siempre.

A Ramón Meléndez Quinteros,
por tanta enseñanza

TANKAS

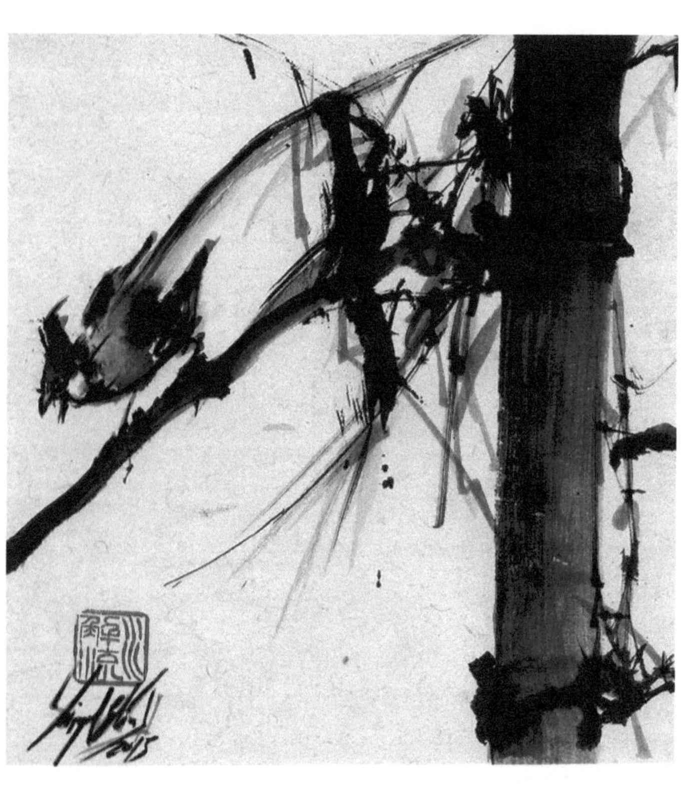

1

Todos los ojos
han conocido el llanto;
la noche cae...
Una por una asoman,
tímidas, las estrellas.

2

Muerte en la noche
en un teatro antiguo...
Shakespeare escribe.
Un rico mercader
ha sido detenido.

3

Una instantánea
el mundo nos regala...
Un parpadeo.
Los paisajes y sombras
adornando la noche.

4

El rostro blanco
y labios rojo intenso;
música y danza.
Las geishas japonesas
de exquisitos placeres.

5

Puñal en mano
tras saldadas las culpas,
aroma a sangre...
Entre el cielo y la tierra
el polvo se acumula.

6

Un ermitaño
en su recogimiento;
total silencio.
Un hogar sin paredes
en la cima del monte.

7

El viento azota
en contra de los árboles;
cae la lluvia.
Las luces de los postes
de un amarillo lívido.

8

Surca las aguas
un navío de vela...
Las olas rotas.
Sobrevuelan gaviotas
en busca de alimento.

9

La eterna noche
anidó en sus pupilas...
Murió la luz.
Dudosa recompensa
la visión del futuro.

10

Mirada fija
en distante horizonte,
mares remotos.
Angustia silenciosa
de la cercana muerte.

11

En el Edén
la noche iluminada,
el primer beso.
Las ansias desbocadas
arrastran al pecado.

12

Viejos los tiempos
que pasan majestuosos,
antiguos libros.
El polvo acumulado
y huellas en el rostro.

13

Pide su muerte
la canallada entera,
todo está listo.
De nuevo el gallo canta
y Pedro llora a mares.

14

De todo ajenas
titilan las estrellas...
Azul la noche.
El viento nos acerca
el ladrar de los perros.

15

En cada invierno
los árboles desnudos,
la luz lechosa.
Amaneceres tristes
de la Nueva Inglaterra.

16

Lengua sedienta
del sol en el verano...
clamor de sangre.
La doncella entregada
a los tiranos dioses.

17

Noche apacible
de silencio compacto,
días vacíos.
El peso de tu ausencia
desde hace mucho tiempo.

18

Cuarto de hotel
lleno de policías,
la puerta abierta.
Cadáver en el piso
que refleja el espejo.

19

La ola rompió
su vestido de espuma...
Hiriente roca.
Un llanto de sirenas
trae a rastras el viento.

20

Desnudo el piso,
liso de tantos pasos,
los pies descalzos.
Las paredes vacías,
despojadas de todo.

21

Marcha el Quijote
cargado de pesares...
La Mancha antigua.
Sancho en su borrico
de hambre refunfuñando.

22

Tres carabelas
zarpan hacia occidente.
Tarde nublada;
viaja fiera tormenta
rumbo a playas lejanas.

23

Regias alturas
de la noche del sur,
la voz ajena.
En el patio la luna
nada sabe del alba.

24

Cae del cielo
una llovizna gris;
triste presagio.
Un volcán majestuoso
ceniza echa en los techos.

25

El viento sopla
con descomunal fuerza,
noche de playa.
Del rumoroso mar
arena entre los dedos.

26

Cantar de Homero
transformado en leyenda;
cedros y olivos.
Caballo de madera
la argucia de odiseo.

27

Preso va Juan
A Toledo esposado.
Frailes custodios.
Bajo la noche oscura
su amor es llama viva.

28

La piedra asciende
lentamente empujada...
Penar de Sísifo.
Cada noche la luna
ilumina la cuesta.

29

Todo el invierno
los corredores fríos,
viejo convento.
La blancura del día
destella en las paredes.

30

Crean la música
sus dedos sobre el piano,
calla la noche.
De color miel la luna
cuelga en la oscuridad.

31

Entre las ramas
los destellos de luz;
Argos atento.
La voz de su amo escucha
y le brillan los ojos.

HAIKUS

1

Pleno verano.
Bajo el sol de la playa
cuerpos desnudos.

2

Tarde de invierno.
junto al oscuro estanque
la garza blanca.

3

Salen los niños
a jugar en el patio.
Ladran los perros.

4

Vestidos blancos.
Las muchachas se asoman
entre los juncos.

5

En el estanque
saltan ranas y sapos.
Juncos erguidos.

6

Frente a la banca
la mujer se detiene.
cae la lluvia.

7

Cruzan el río
con el agua hasta el cuello.
Fusil en alto.

8

Un cuervo grazna
sobre la rama seca.
Tarde nublada.

9

El viento mece
Los árboles del campo.
El aire tibio.

10

Quema la arena
bajo el sol tropical.
Un perro negro.

11

Fulgor de sol
sobre el azul del mar.
Pleno verano.

12

Falta de luz.
Las hojas en otoño
caen del árbol.

13

Huye la araña
por la rendija oscura…
Una ventana.

14

Fragante flor
de pétalos abiertos.
Un colibrí.

15

Calienta el sol.
En la calle los niños
juegan alegres.

16

Con tanta lluvia
los campos anegados.
Viento del sur.

17

Noche de invierno.
Despoblado el camino
lleno de nieve.

18

En la ventana
Un pájaro se posa.
El gato espera.

19

Duerme un anciano.
En horas de la tarde
graznan los cuervos.

20

Brisa otoñal.
El río serpentea
entre los árboles.

21

Día sin lluvia.
El canto de los pájaros
desde una rama.

22

Un mirlo blanco
en el verde jardín.
Tibia la noche.

23

Día de sol.
Entre las ramas canta
un torogoz.

24

Desnudo el cuerpo
enterrado hasta el cuello.
Acechan buitres.

25

Entran mosquitos
por la ventana abierta.
Cantan los grillos.

26

Mañana azul…
Un ave solitaria
cruza los cielos.

27

Un viento tibio.
Vuelan hacia la luz
muchos insectos.

28

Cuesta empinada
cubierta de hojas secas.
Fila de hormigas.

29

Cuando oscurece
buscan nido los pájaros.
Brillan luciérnagas.

30

La luna brilla
en el centro del cielo.
El viento tibio.

31

La lluvia agita
las ramas de los árboles.
Es noche en Londres.

32

Puesta de sol.
En la playa desierta
una gaviota.

33

El mar azul…
Ilumina la playa
sol vespertino.

34

Calienta el sol
las copas de los árboles.
Nidos vacíos.

35

Verde jardín.
Cuanta semilla puede
embucha el cuervo.

36

Huye la liebre
de quienes la persiguen.
Bosque frondoso.

37

Olor a rosas.
Los pájaros anidan
por todo el parque.

38

Torrencial lluvia.
Sumidos en el barro
luchan los bueyes.

39

Marea baja…
La bruma de los cerros
llega a la playa.

40

En el florero
Las rosas del jardín.
Canta un jilguero.

41

Vasto jardín…
La mariposa vuela
sobre las flores.

42

Noche de otoño.
En el sendero oscuro
hay una víbora.

43

Desde el balcón
se divisa el crepúsculo.
Tibia la tarde.

44

Sobre una pita
el sol seca la ropa.
Jaulas vacías.

45

Un cardenal.
Una rama se dobla
bajo la nieve.

46

El ahuehuete.
Bajo la sombra fresca
un peregrino.

47

Fresca mañana
con aroma a café.
Anidan pájaros.

48

Baja neblina
del cerro de las Pavas.
Abajo el lago.

49

Despeja el sol
la neblina del campo.
Pasta el ganado.

50

Árbol frondoso
florece en el jardín.
Rumor de viento.

51

Atardecer...
Al lado del canal
se acuesta un gato.

52

Oscura calle,
el graznido de un cuervo
sobre un cadáver.

53

Anochecer.
Entre gotas de lluvia
croar de ranas.

54

Yunta de bueyes.
En la tarde se forma
una tormenta.

55

Mota de polvo
flotando a contra luz…
Fría la tarde.

56

Pradera oscura…
Que aparezca una presa
espera el tigre.

57

Vapor de lluvia
en la calle asfaltada.
El sol en lo alto.

58

La luz se filtra
por la ventana abierta.
Sol de verano.

59

A fuego lento
se cuecen los tamales.
Tarde de fiesta.

60

Brillante cielo
saturado de estrellas.
Cálida noche.

61

Viento de oriente
estremece los árboles.
La tarde gris.

62

Entre las piedras
crecen pequeñas flores.
Tarde de estío.

63

Desde la cumbre
mira el azul del mar.
Piernas abiertas.

64

Brillante el alba.
En el pico del monte
blanca la nieve.

65

Cielo estival.
Con el soplar del viento
llega la lluvia.

66

Tormenta eléctrica;
desesperado el gato
huye maullando.

67

Fresca la noche.
En la calle la gente
alegre canta.

68

Rompe el silencio
el trino de los pájaros;
bosque de pinos.

69

Las hojas secas.
Camino de Santiago
un feligrés.

70

Un gato duerme
sobre el viejo sofá.
Declina el sol.

71

Sol de verano.
Se derrite la nieve
del Monte Blanco.

72

La luz del sol
la cocina ilumina.
Hierve el café.

73

Blancas las nubes
bajo el azul del cielo.
Una palmera.

74

La lluvia azota
en todas las ventanas.
Piso mojado.

75

Ventana abierta.
Por la calle empedrada
una carreta.

76

Despunta el sol
al fondo de la calle.
Cantan los pájaros.

77

Las nubes negras
ocultan el volcán.
Choca un avión.

78

La tarde cálida.
En la hamaca se mece
una muchacha.

79

En el canasto
puñados de jocotes.
Una llovizna.

80

Huele a jazmines.
Después de la tormenta
el sol asoma.

81

Un lirio blanco
al lado del camino…
Un perro sato.

82

INRI borrado
en la cruz de madera…
Flores marchitas.

83

Flores brillantes
al abrir la ventana...
Senda de grava.

84

Cae la nieve
en las calles vacías…
Frío invernal.

85

Pájaro azul
en la rama más alta.
Un gato observa.

86

Sobre la sábana
unas gotas de sangre.
Ramo de rosas.

87

Huellas de pies
sobre la blanca arena.
Mañana cálida.

88

Un gato gris
Brinca sobre la mesa…
Huyen los pájaros.

89

Muy de mañana
rocío sobre el pasto.
Rumbo al trabajo.

90

Techo de tejas…
En una esquina teje
su red la araña.

91

Por todos lados
juguetes olvidados…
Flores marchitas.

92

Tarde de otoño.
Las coloridas hojas
arranca el viento.

93

Dos remolinos.
En medio de la calle
maúlla un gato.

94

Juego de luces
al declinar la tarde.
Parvada de aves.

95

Sol meridiano.
Alas de mariposas
multicolores.

96

Gotas de lluvia.
Un murmullo constante
de ramas secas.

97

En el fogón
chisporrotea un leño.
Dormita el gato.

98

Volcán nevado.
El castillo imperial
de cara al valle.

99

Abren las flores
al sol de la mañana.
Huele a tortillas.

100

Sol deslumbrante
sobre el trópico ardiente.
La piel curtida.

101

Corren los niños.
Las palomas del parque
alzan el vuelo.

102

Baña la luna
los senderos del cerro.
Salta un conejo.

103

Una muralla
protege la ciudad.
Roja la luna.

104

Llena de sombras
la noche sin estrellas.
Pasa un borracho.

105

En el portal
la mujer vende shuco.
Viento de lluvia.

106

Llega la noche.
Las estrellas asoman
sobre los montes.

107

Dormita el gato
a la luz de la luna.
Pasan las horas.

108

Un sol brillante.
La orquídea florece
sobre la rama.

109

Mece los juncos
la corriente del río.
El viento sopla.

110

Poco a poquito
cruza el cielo la luna.
Tibia la arena.

111

Clara mañana.
En la playa los pájaros
buscan comida.

112

Cálidas aguas.
El apacible mar
bajo la luna.

113

Banca vacía
en la esquina del parque.
El viento sopla.

114

El grato aroma
del rosal colorido.
Brisa marina.

115

Brilla La Habana
bajo la luz del sol.
El mar azul.

116

La tarde gris.
Las gaviotas caminan
sobre la arena.

117

En el estanque
cae la hoja callada.
Sauce llorón.

118

Cantan los gallos
para anunciar la aurora.
Ausente luna.

119

Rastros de nieve
en los prados del sur.
La luna llena.

120

Tibia la luz.
Coloridos vitrales
en catedral.

121

Cerros de nieve
bajo el cielo invernal.
Lluvia de estrellas.

122

Cielo sin nubes.
En el árbol los pájaros
cantan alegres.

123

Rojo escarlata
el color de las flores.
Centro de mesa.

124

El aire fresco
a la orilla del mar.
Chillan gaviotas.

125

Patio trasero.
Bajo la sombra fresca
duerme un perro.

126

El burro lleva
una carga de leña.
Malos caminos.

127

Lirios y rosas
a la virgen morena.
Alegres cantos.

128

Desbordan ríos
las torrenciales lluvias.
Colapsan puentes.

129

Flores y frutas.
Una copa de vino
sobre la mesa.

130

Después del río
la tierra prometida.
Roja la luna.

131

Llena de arrugas
la piel de la mujer.
Bultos de leña.

132

Antes de misa
las campanas repican.
Trinos de pájaros.

133

Duermen los niños.
Salen los pescadores
cuando amanece.

134

Barco pesquero.
Un relámpago alumbra
el firmamento.

135

Una capilla
de camino a la villa.
Verdes las milpas.

136

Linda la noche.
Olor a madreselvas
el viento trae.

137

En el mercado
el olor de las frutas.
Día estival.

138

Una manzana
se cae de madura.
Ladran los perros.

139

Ruido de grillos.
Al empezar la noche
la luna asoma.

140

El bosque brilla
con la luna nocturna.
Aúllan lobos.

141

Una paloma
se posa en la ventana.
Quietas las hojas.

142

A la distancia
verdecen las montañas.
Gotas de lluvia.

143

El caracol
de mar repite el eco.
Soplo de viento.

144

Sobre la flor
vuela una mariposa.
Una hoja cae.

145

El viento mece
la barca sobre el río.
La noche austral.

146

En una rama
se posa un ruiseñor.
Se oye un disparo.

147

El llano seco.
Amarilla la luz
del nuevo día.

148

La sombra blanca
del Papa en el balcón.
Vuelan palomas.

149

Paraguas negro
en la tarde lluviosa.
Hondo barranco.

150

Tarde de otoño.
En medio de la calle
camina un perro.

151

Sobre la nieve
se refleja la luna.
Sale una ardilla.

152

Verde colina
bajo el sol de las doce.
Pasa una nube.

153

Agita el viento
las hojas de los árboles.
Ecos de voces.

154

Desvencijada
la reja del traspatio.
Cantan los gallos.

155

Tiembla la tierra.
Las hormigas se chocan
unas con otras.

156

La selva oscura.
Allende la colina
Rayos de sol.

157

Entre las vigas
un nido de palomas.
El piso sucio.

158

Frondosa ceiba.
Bajo la sombra fresca
Un hombre duerme.

159

Muy poca gente
en la vieja molienda.
Luna de octubre.

160

El niño escapa
entre los matorrales.
Duermen sus padres.

161

La oscura noche
sin luna y sin estrellas.
Croar de ranas.

162

A media voz
el hombre cuenta sílabas.
Cantan las aves.

163

En el estanque
flotan los renacuajos.
Caen las hojas.

164

Tarde de estío.
La sombra de la rosa
marca el Oriente.

165

Crujen las ramas
por la intensa nevada.
Fila de coches.

166

Verde jardín.
Una fila de hormigas
hacia el naranjo.

167

El agua turbia.
En la cuenca del río
salta un delfín.

168

Noche de invierno.
Desciende del volcán
un viento frío.

169

Tarde de viento.
Un niño hace volar
su papalote.

170

Dentro del templo
un Dios crucificado.
Las flores muertas.

171

La hojas secas
crujen bajo sus pasos.
Fusil al hombro.

172

Un día claro.
La luz del sol le da
al crucifijo.

173

Ciudad opaca.
Entre nubes oscuras
se pone el sol.

174

Abre una flor
mientras cae la lluvia.
Un colibrí.

175

Por la ventana
mira pasar las nubes.
El radio suena.

176

Noche estrellada.
Jesús duerme tranquilo
en el pesebre.

177

Anidan aves
en el nido de un árbol.
Despunta el alba.

178

Tapa a la luna
el paso de las nubes.
El mar en calma.

179

Entre neblina
el resplandor del sol.
Un marinero.

180

Color ceniza
esta mañana fría.
Isla sin sol.

181

Motas de polvo
en todos los rincones.
Sol de la tarde.

182

Vuela una mosca.
Las aceras mojadas
por la tormenta.

183

Brillan las piedras
bajo la luz de luna.
El río corre.

184

La noche oscura
con millones de estrellas.
Camino real.

185

Un rumor vago.
La luz del día inunda
los cafetales.

186

La luna asoma
en la apacible noche.
Playa vacía.

187

Noche invernal.
Quemadas por la escarcha
yacen las plantas.

188

Cae la tarde.
El viento del Oriente
huele a caballos.

189

Día estival.
Al pie de la colina
la vieja iglesia.

190

El viento sopla
sobre dunas de arena.
Playa desierta.

191

Redondo asoma
Por el oriente el sol.
Las manos sucias.

192

Londres en junio.
La reina huele una flor
en su jardín.

193

El bosque entero
lo destruye un incendio.
Huyen los pájaros.

194

Por la mañana
el viento sopla suave.
Un sol radiante.

195

Yunta de bueyes
por la calle real.
Acaba el día.

196

Y los cerezos
vuelven a florecer.
La vieja aldea.

197

El aire fresco
temprano en la mañana.
Ventana abierta.

198

Puesta de sol.
En el patio los pollos
rascan la tierra.

199

Mañana tibia.
Los variados aromas
de la campiña.

200

En la mezquita
los naranjos en flor.
El río Betis.

201

En el jardín
una mezcla aromática.
Viento marino.

202

Nubes plomizas.
El cráter del volcán
lanza cenizas.

203

Asoma el sol.
A la orilla del río
una mujer.

204

Ojos cansados.
La corriente del río
entra en el valle.

205

Un verde oscuro
el color de la selva.
Feroz rugido.

206

Entre montañas
el apacible lago.
Un sol brillante.

207

El viento sopla.
De rojas amapolas
el campo lleno.

208

Abre sus alas
el pájaro en la rama.
El viento suave.

209

Sobre el pantano
la última luz del sol.
Un crisantemo.

210

Lleno de estrellas
el cielo de la noche.
Un gran espejo.

211

Verdecen campos
con las lluvias de abril.
Claveles rojos.

212

Bolas de fuego
caen sobre la playa.
El agua hierve.

213

El oleaje
borra todas las huellas.
Blanca la arena.

214

Zumban mosquitos
cuando cae la tarde.
Torrencial lluvia.

215

Fresca la noche.
Resplandece la luna
sobre los cerros.

216

Lenta la barca
remonta la corriente.
Nadan los niños.

217

Vuelan los pájaros.
De madera el puente
en la quebrada.

218

Por la ventana
se ve el azul del mar.
Vuelan pelícanos.

219

En su canoa
navega río arriba.
La luna llena.

220

En el camino
un charco de agua sucia.
Rayo de luna.

221

El viento azota
con fuerza el malecón.
El cielo azul.

222

El mar azul.
Con cara de sorpresa
ríe la niña.

223

Total quietud.
El color verde oscuro
de la montaña.

224

Lleno el jardín
de flores coloridas.
Día de sol.

225

Cae la tarde.
El olor de las rosas
por todo el patio.

226

Tarde de estío
encendida de sol.
Pasta el ganado.

227

Una campana
repicando en la torre.
Cielo nublado.

228

Arena y sol.
Los cuerpos bronceados
de los surfistas.

229

Desde el oriente
se anuncia la tormenta.
Un viento fuerte.

230

La luz radiante
cae sobre las rocas.
La salamandra.

231

Un marinero
sus remos pone al lado.
Un albatroz.

232

Tibia la noche.
El jardín arrasado
por las hormigas.

233

Arden hogueras
la noche de San Juan.
Cielo brumoso.

234

En la tierra áspera
la pesada pala entra.
Salen lombrices.

235

Tarde de sol.
Un pájaro de fuego
canta en la rama.

236

El Cóndor vuela.
Un nido muy en lo alto
de la montaña.

237

Baja neblina
desde lo alto del monte.
El pasto seco.

238

Entre las ramas
alborozo de pájaros.
Agua en la fuente.

239

En las iglesias
repican las campanas.
Cielo esmeralda.

240

Las nubes negras
oscurecen el cielo.
Rebuzna un burro.

241

El oleaje
turbulento del mar.
Cielo nublado.

242

De rama en rama
La manada de monos.
Viejas esteras.

243

Por el sendero
va apartando las ramas.
Una colmena.

244

El bote cruza
la espuma de las olas.
El cielo azul.

245

En mano firme
la minuta de fresa.
Zumba una avispa.

246

Noche austral.
Las estrellas ocultas
entre las nubes.

247

Sobre la nieve
un niño se resbala.
Cae la noche.

248

Un hombre solo.
Entre árboles y piedras
el río nace.

249

La vieja fuente
en el centro del patio.
Un cardenal.

250

Sol amarillo.
Las hojas de los árboles
cubren el patio.

251

Entre las flores
vuela una mariposa.
Se esconde el gato.

252

Vieja campana.
El remolino crea
nubes de polvo.

253

Desencajados
aparecen sus rostros.
Un vendaval.

254

Cálida tarde.
En las aguas del lago
nadan los patos.

255

Paisaje gris.
En el puerto lluvioso
atraca un barco.

256

Fresca mañana.
De la montaña baja
mucha neblina.

257

Oscuras nubes.
La fuerza de los árboles
resiste el viento.

258

La mariposa
sobre la flor se posa.
Vivos colores.

259

Al río bajan
las vacas a abrevar.
Vuelan pericos.

260

Un largo viaje.
Basho pasa la noche
en Matsushima.

ÍNDICE

Esta primera edición de
**Umbral de Oriente:
Tankas y Haikus**
de Sergio Inestrosa
se terminó de imprimir en los
Estados Unidos de América
bajo la colección

Poesía Hispanoamericana Contemporánea

Almava Editores

almava·net

Editores@almava.net
Info@almava.net